LUTTES DE CLASSES

ET

DOMINATION DE CLASSES

PAR

GUSTAV SCHMOLLER

Professeur d'Économie Politique à l'Université de Berlin.

Président de l'Institut International de Sociologie.

(Extrait de la *Revue Internationale de Sociologie*).

V. GIARD & E. BRIÈRE

LIBRAIRES-ÉDITEURS

PARIS, V^e

16, Rue Soufflot. 16

1905

LUTTES DE CLASSES

ET

DOMINATION DE CLASSES

PAR

GUSTAV SCHMOLLER

Professeur d'Economie Politique à l'Université de Berlin,

Président de l'Institut International de Sociologie.

(**Extrait** de la *Revue Internationale de Sociologie*).

V. GIARD & E. BRIÈRE

LIBRAIRES-ÉDITEURS

PARIS, V^e

16, Rue Soufflot, 16

1905

Beaugency — Imp Laffray fils et gendre

LUTTES DE CLASSES

ET

DOMINATION DE CLASSES [1]

Devant communiquer présentement le résultat de mes recherches sur ce sujet, tel qu'il paraîtra très prochainement dans le deuxième volume de mon cours d'économie politique, il me faut faire les courtes remarques suivantes.

Une fois que les grands historiens comme Niebuhr, Thierry, Guizot, dans le premier tiers du xixe siècle, eurent introduit la notion de la lutte des classes dans l'explication des problèmes historiques, la nécessité se dressa devant la science politique de s'occuper sérieusement du problème. La vieille et abstraite économie nationale l'ignora pendant longtemps ; le socialisme s'en empara et en vint à émettre cette proposition exagérée que le contenu de toute l'histoire se composait précisément des luttes des classes, et que la cause de toute formation de classes était l'inégalité dans la distribution du revenu et de la fortune, la formation du capital et ses conséquences.

De nombreux écrits sociologiques, historiques, politiques essayèrent de 1860 à 1890 de traiter ce sujet et d'éclairer le problème. Moi-même, je m'en occupai vers 1880, serrant de très près la cause de la formation des classes ; j'essayai de déterminer : 1° comment toute l'histoire psychologique s'est comportée à chaque formation de classes ; 2° dans quelle mesure les différences de races, la division du travail, la répartition de la fortune, la législation concernant les associations, les corporations et l'organisation des classes, la différenciation de l'éducation et des mœurs dans la société avaient une part dans la for-

---

(1) Communication faite à l'Académie des Sciences de Berlin.

mation des classes. Je publiai cette étude dans mon annuaire de 1890. Cette publication provoqua d'une part des controverses, de l'autre des recherches ultérieures analogues. J'ai essayé dans le premier volume de mon cours d'économie politique, livre II, chapitre VI, 1900, de résumer les résultats tant de mes recherches que de celles des autres sur le problème en question.

Mais il s'agissait en outre pour moi, notamment, étant donné mon cours d'économie politique, d'essayer de résumer en un tout théorique notre connaissance des luttes de classes, de la domination de classes et de toutes les tentatives faites pour s'opposer à ces luttes. Cet essai, je le fais dans mon deuxième volume qui doit paraître sous peu, au livre IV, chapitre II.

Il s'agissait d'analyser les luttes de classes les plus importantes et les plus connues et d'examiner leurs résultats constitutionnels et économiques. Il ne saurait être question de présenter ici cet examen en détail. Je ne puis parler ici dans le cadre d'un court exposé que du résultat d'ensemble. Je le résumerai de la façon suivante.

Les antagonismes de classes, les luttes de classes, la domination de classes dépendent dans chaque Etat et à chaque époque : 1° de la mesure de l'uniformité et de la diversité des citoyens ; celles-ci dépendent elles-mêmes des races, de la répartition des professions, de la distribution des revenus et de la propriété, de la culture intellectuelle et religieuse ; 2° de la façon dont les classes se distinguent les unes des autres, et de leur organisation propre ; 3° de la force et de l'organisation du gouvernement qui défend l'unité et la paix de la société. Chaque société grandissante donne au point de vue historique le spectacle d'un processus social de différenciation auquel s'oppose l'unité d'origine, de langue, de race, puis l'unité des mœurs, de la religion, de l'éducation, enfin l'unité du droit, de la législation, de la puissance de l'Etat. L'état réel est une diagonale de ces deux tendances antagonistes.

Plus petits, plus primitifs, plus grossiers sont les corps sociaux, moins importants sont les antagonismes de classes. Les peuples ayant une vieille civilisation présentent toujours de violents antagonismes de classes ; ceux-ci croissent avant tout avec les grands progrès sociaux ; le régime économique où triomphent l'argent et l'esprit d'entreprise les a le plus excités et conduits aux luttes de classes. Et la conséquence a toujours été que les antagonismes économiques croissants ont amené la dissolution de la vieille unité morale et religieuse du peuple ; les classes supérieures grandissantes acquirent en somme dans ces

temps-ci plus d'intelligence et de capacité technique et économique
que de vertus sociales et économiques ; les classes inférieures restèrent
légèrement en arrière en ce qui concerne la culture de l'esprit et les
qualités techniques et économiques ; elles perdirent une partie de leurs
anciennes vertus (fidélité, obéissance, modération) sans les remplacer
aussitôt par d'autres qualités plus hautes. L'acquisition d'idéals supé-
rieurs d'unification concernant la morale et l'organisation de la
société fut, dans cette époque de dissolution de la vieille organisation
sociale et religieuse, parfois difficile ; elle fut souvent impossible ou ne
fut possible qu'après de longues luttes et des dissensions.

L'importance des antagonismes de classes, des luttes de classes, de
la domination de classes varie énormément chez chaque peuple suivant
les causes qui viennent d'être données. Entendons-nous tout d'abord
sur la nature des luttes de classes, puis sur la domination de classes,
et enfin sur le développement du droit et de la législation qui s'oppo-
sent à elles, ainsi que sur l'issue des luttes de classes.

a) Où il existe des classes différentes, il y a d'un côté des intérêts
différents, s'opposant les uns aux autres, mais de l'autre côté aussi
des intérêts communs ; les premiers sont principalement externes,
pratiques et économiques et dirigés vers un but immédiat ; les seconds
sont plus idéaux et plus spirituels, et dirigés vers le but d'ensemble
de la société, de l'Etat et vers l'avenir. Les premiers n'ont en partie
pas d'organisation ou seulement une organisation assez fragile qui ne
devient solide que dans des circonstances déterminées, les seconds
n'ont, aussi en ce qui concerne les mœurs et la morale, qu'une organisation fragile, mais pour ce qui est de l'Etat et de l'Eglise, du droit
et des institutions, cette organisation a une certaine solidité et a, à la
vérité, possédé une force qui a varié avec les temps. Plus fortement
les sentiments communs et les grandes visées nationales se dessinent,
plus énergique devient avec le temps la puissance d'organisation de
l'Etat, plus les intérêts de classes distincts sont obligés de se subordon-
ner les uns aux autres et de se concilier. Dans les grands Etats où la
formation des classes est très nette, ils se font sentir, de temps en temps,
et il faut le dire avec raison, car ce n'est que de certains frottements
et de certains heurts que naissent le progrès, la victoire du meilleur.
Tout le développement intérieur de l'Etat repose sur la proportion de
contrainte, les luttes et les conclusions de paix entre les classes sociales,
sur l'habileté et la prévoyance du gouvernement, sur la force et la
puissance des esprits directeurs chargés de conclure cette paix et

préoccupés de donner à l'intérêt commun la victoire sur les intérêts de classes en conflit.

L'histoire économique, sociale et politique se décompose donc en périodes de paix sociale et en époques de luttes sociales. Dans les premières cependant les antagonismes de classes ne manquent pas; mais, ou bien ils sont encore latents, complétement dominés par de grands intérêts ou des sentiments communs, ou bien ils sont repoussés après certaines luttes, parce qu'on a pu, à l'aide de certaines dispositions légales ou d'institutions, arriver soit à dominer, soit à concilier, soit à trouver un point d'équilibre. C'est surtout dans les temps de longue stabilité économique et technique que se produira un tel état de paix; les sentiments et les rapports de classes se sont adaptés à un partage déterminé de puissance, de fonctions, de propriété, à une organisation déterminée de l'Etat et du droit; les frottements sociaux ont diminué dans une faible mesure; pour ce qui est d'une domination de classe, elle est toujours plus ou moins reconnue par tous comme autorisée.

En face de ces époques de paix se dressent les époques de luttes sociales; celles-ci se produisent toujours, quand la division économique ou autre des professions et du travail se modifie, quand de nouvelles hautes classes font des progrès techniques, spirituels ou autres, quand les classes moyennes ou les basses classes, existantes ou nouvelles, sont menacées de disparition ou d'oppression. Le combat pour la puissance et la domination, pour la fortune et le revenu, sur le terrain des nouvelles conditions d'existence, doit engendrer une lutte des classes, pas seulement des individus. Cette lutte peut durer plus ou moins longtemps, conduire à des réformes ou à des révolutions; elle peut amener la chute des Etats et des peuples où elle se produit ou aboutir à un état d'équilibre ou à un état de tranquillité et de paix sociale.

Les luttes porteront toujours sur trois points : 1) sur le droit constitutionnel, l'occupation des employeurs, la nomination ou le choix des employés, le choix de la représentation du peuple, sur le droit d'association et de réunion, la législation sur la presse, sur le service militaire, sur la justice, sur la situation de l'église et de l'école, sur l'abolition des abus de pouvoir etc.; 2) sur le droit des personnes et la législation concernant le mariage, sur les privilèges de classes et leur suppression; et 3) sur la distribution du revenu telle que d'une part elle s'effectue par le libre jeu des forces du marché et d'autre part elle est façonnée par la réglementation légale de la vie économique. Dans l'un et l'autre cas agissent les rapports de puissance existant, et aussi la morale et les mœurs; avant tout c'est le droit, ce sont les

grandes institutions qui facilitent ou rendent difficiles aux classes
prises à part leur position dans la lutte pour les avantages économiques, pour arriver à la fortune ou au gain ; toute la délimitation légale
entre la fortune collective et la fortune privée, entre l'économie collective et l'économie privée est décisive pour les classes moyennes et les
basses classes. Les hautes classes ont toujours plus ou moins su faire
évoluer les mœurs et le droit à leur avantage, faire croître leur revenu,
leur fortune par ce moyen et fortifier leur position dans la vie. Les
classes moyennes ont en partie dirigé leurs efforts vers le même but,
en partie lutté avec plus ou moins de succès contre les classes inférieures. Quant à celles-ci, la loi et les mœurs ont essayé de les protéger
comme toute force intelligente de l'Etat ; et là où la conscience d'elles-
mêmes s'est éveillée, où leur éducation et leur faculté de production se
sont accrues, où elles purent s'organiser, elles ont, comme les classes
moyennes, lutté pour modifier la distribution du revenu et de la propriété, pour alléger leurs charges, pour obtenir plus facilement du
travail, des conditions meilleures, un salaire plus élevé et une répartition tout à fait égale de la fortune et du revenu. Ce qui autrefois parais-
sait convenable et supportable, fut considéré plus tard, dans une
conception du droit plus élevée, comme dur et insupportable. Ainsi ce
fut en partie l'inégale distribution des biens, en partie l'opinion se
modifiant à ce sujet qui amenèrent les classes sociales, après une
tranquillité temporaire, à lutter pour une modification et une amé-
lioration. Dans les anciens temps, on allait droit au but : les hautes
classes gardèrent la terre qu'elles avaient dérobée, le bétail qu'elles
avaient pris, les esclaves ou les serfs, en s'attribuant la part du lion.
Les basses classes au contraire demandèrent de grandes confiscations
de biens appartenant aux riches, de nouveaux partages de terres, un
maximum pour la terre et le bétail, des remises de dettes, concessions
de terres dans les colonies ou même paiement de places au théâtre et
à l'assemblée du peuple, distribution de pain (« panem et circenses »).
Plus compliquée est l'économie d'un peuple et plus on a affaire à des
classes très différentes, à une division du travail et de classes très
ancienne, moins on peut espérer que les tentatives de remaniement et
de nouvelle répartition réussissent. Il est vrai que des brèches profondes
ont été faites dans des temps récents. L'affranchissement légal des
esclaves et des serfs (1500-1860), l'abrogation des charges pesant sur
les paysans, la liberté qui fut accordée à ceux-ci, et la liberté de la
propriété du sol furent des mesures d'une extraordinaire importance ;
l'établissement de la liberté du commerce indispensable pour le rema-

niement de l'économie fut une brèche profonde dans la réglementation existante de la vie commerciale; il abolit tout d'abord l'état privilégié des patrons, lequel opprimait les artisans. La lutte au sujet des impôts et autres charges tint la première place parmi les luttes sociales, et toute modification importante (comme par exemple un nouvel impôt progressif sur le revenu et sur les héritages) peut apporter un grand avantage à une classe et causer préjudice à une autre. Mais en somme, il existe aujourd'hui un radicalisme devenu en quelque sorte raisonnable (l'aile droite de la social-démocratie), lequel ne veut toucher à aucun droit réel bien acquis; il ne consent à convertir les moyens de production en propriété collective que contre indemnité et rachat; et il accordera aussi peu l'égalité des salaires et des appointements par une législation spéciale, que la suppression de toute propriété privée. Une lente transformation, un effort vers un état meilleur de l'organisme social se fait là aussi sentir de plus en plus. Le violent mouvement subversif ne s'arrêterait vraiment pas à cela. Il s'agit de savoir si ce mouvement subversif peut être empêché d'une façon certaine.

b) Toutes les luttes de classes semblent être la conséquence de ce qu'on appelle la domination de classes. Expliquons-nous sur cette idée; on lui donne dans le langage courant une double signification : une plus étroite et une plus large. On entend par là : 1) les rapports sociaux de dépendance qui résultent des relations économiques régulières des classes supérieures et des classes inférieures entre elles, des maîtres et des esclaves, des employeurs et des employés, des créanciers et des débiteurs, des forts vendeurs et des faibles acheteurs, etc. Ces rapports reposent sur le droit privé, ont leur origine dans la culture spirituelle, technique, économique, différente des parties en cause et exercent toujours leur influence, qu'il s'agisse de morale, de droit, d'institutions, de la constitution de l'Etat. Plus ces puissances spirituelles seront élevées, plus il sera facile d'écarter ou de limiter du moins les abus les plus grossiers qui surgissent ici. 2) Mais on comprend aussi sous l'acception de luttes de classes quelque chose de plus large et dans ce sens le langage est plus correct; aussi est-ce celui que nous emploierons principalement ici : on veut dire la dépendance des classes faibles par rapport aux classes fortes; elle résulte de ce que ces dernières agissent sur la puissance de l'Etat et la commandent, qu'elles tirent tout le profit non seulement de leur supériorité économique, mais de la puissance politique, des droits de souveraineté, de l'autorité administrative qu'elles emploient pour leurs fins particu-

lièr:s et leurs avantages économiques. Où il en est ainsi, les inconvé-
nients de droit privé qui viennent d'être décrits seront d'autant us
grands. Dans ce sens, il s'agit ainsi d'une conception plus large, plus
compréhensive, et pour ainsi dire de droit public du mot : domination
de classe. Elle n'apparaît pas simplement comme un phénomène en
quelque sorte naturel ne devant jamais se modifier complètement,
mais toujours à la fois comme une dégénérescence, comme un fait que
l'on doit combattre par tous les moyens ; car la puissance de l'Etat
doit être employée pour les intérêts collectifs et non pour les intérêts
particuliers d'une classe.

En réponse à la question quand et où une domination de classe s'est
produite dans ce sens, quels degrés tout à fait divers elle peut avoir,
nous devons considérer les phénomènes fondamentaux de l'histoire
politique.

Si nous faisons abstraction de très petites communautés se compo-
sant de citoyens égaux, qui peuvent se gouverner démocratiquement
avec un président élu pour un certain temps et une assemblée de tous
les citoyens, sans force coercitive et apparat, tous les Etats de quelque
importance ont développé chez eux une puissance dominatrice avec
des droits de souveraineté très étendus, avec une grande force de
coercition ; la force, en effet, repose dans l'Etat lui-même ; ce n'est
qu'avec une puissance dominatrice que celui-ci peut être bien gouverné
en dedans et qu'au dehors il sera maître de ses ennemis. Cette puissance ne peut jamais uniquement résider chez quelques personnes et
encore moins être exercée par l'assemblée de milliers et de milliers de
citoyens. Elle a besoin, pour agir efficacement, d'une organisation
de fonctionnaires, de chefs et d'employés dont la solide organisation
sous une direction unique constitue justement cette puissance de l'Etat.
C'est avec un chef ou roi soutenu par une aristocratie, un Sénat, que
débute toute constitution ancienne et plus élevée de l'Etat ; l'ensemble
du peuple, qui, primitivement, intervenait dans les assemblées du
peuple, en est réduit de plus en plus, malgré ses droits certains, à
n'être qu'un membre passif de la vie de l'Etat. Esclaves et serfs n'ont
d'ailleurs pas de rôle actif. Les rois, dont on vit plus clairement la
vanité et les abus que leur fonction sacrée, furent, dans les petits Etats
de l'antiquité, écartés par l'aristocratie ; celle-ci, n'étant plus retenue
par un pouvoir supérieur, tomba d'autant plus facilement après plus
ou moins de temps dans les abus de pouvoir ; la véritable domination de classe commença. On chercha par l'extension du droit politique à élargir le cercle ; comme à Rome on attira dans la cité la

plèbe paysanne. Ceci réussit, lorsque, comme à Rome, les droits de l'administration et du gouvernement étaient solides et étendus, lorsque ceux qu'on attirait à soi avaient une conscience nette de leurs devoirs politiques et civiques. Quand il n'en fut pas ainsi, surgit le danger des exigences égoïstes, impossibles et à courte vue, inspirées par l'intérêt de classe de la masse démocratique ; la révolution et la discorde s'ensuivirent pour aboutir à la dictature qui a terminé presque toutes les révolutions sociales et les guerres civiles.

c) Ainsi l'histoire des classes sociales et de la constitution des grands Etats si complexes paraît avoir passé par les stades suivants : 1) établissement d'un pouvoir gouvernemental solide, exclusivement exercé par un roi ou par une caste aristocratique ; des castes étroites gouvernent d'abord bien et justement, mais avec le temps elles tombent dans l'abus de pouvoir ; la domination de classe commence ; 2) on cherche à amener d'autres cercles de la population à l'influence, au droit de suffrage, à l'exercice des fonctions publiques ; ceci donne bientôt de bons résultats lorsque cette extension est faite dans de bonnes conditions et avec opportunité, et surtout aussi longtemps que le gouvernement conserve sa force et sa solidité ; si l'on va trop loin, des gens politiquement incapables obtiennent une trop grande influence, les couches démocratiques élargies n'aspirent qu'à des avantages et des profits momentanés, et ainsi à la place de la vieille domination de classe aristocratique, on a la domination de classe démocratique qui est encore pire ; tout gouvernement, toute direction des affaires ferme et sûre cesse ; 3) on ne peut éviter ceci que si l'influence montante des intérêts égoïstes de classes st accompagnée du perfectionnement et du renforcement de l'appareil gouvernemental, si la puissance gouvernementale repose dans des mains propres et reste plus forte que celle des classes et que les influences de classes. Et ceci est possible par l'établissement d'une législation toujours meilleure et plus juste, par l'éducation d'hommes politiques impartiaux se tenant au dessus des intérêts de classes et qui, du haut en bas de l'échelle administrative et gouvernementale, justement répartis et agissant de concert, dominent intellectuellement l'Etat et la société.

Nous devons aussi reconnaître, qu'à vrai dire, il n'y a pas de peuple d'une haute culture sans une certaine tendance et inclination à la domination de classe, et que, bien plus, toute extension du droit civil a tout d'abord augmenté le danger ; mais d'un autre côté, il faut reconnaître aussi que tout peuple d'une haute culture, en ce qui concerne la législation, le développement du sentiment du droit et du contrôle législatif, cherche un contrepoids à la domination de classe et que, dans une certaine mesure, il l'a même trouvé. Le développement de l'opinion morale et juridique d'innombrables générations a travaillé à donner la plus grande puissance possible à certains principes de droit. Le chef le plus barbare qui rend la justice, se drape du moins dans le manteau du droit et se donne comme agissant dans l'intérêt général. Et il fut toujours plus nécessaire à ceux qui tenaient les rênes du gouvernement, de tenir compte des intérêts généraux et de dompter leur égoïsme de classe. Et malgré toutes les rechutes, malgré tous les abus sans cesse renaissants, l'histoire montre cependant un progrès qui repose, d'une part, sur une connaissance croissante des relations politiques et sociales, sur le perfectionnement toujours plus grand d'un sentiment du droit plus raffiné dans les cercles gouvernementaux et chez les administrés, d'autre part, sur le perfectionnement des institutions juridiques et des formes constitutionnelles qui empêchent les abus de classes et malgré ceux-ci rendent un gouvernement ferme et juste, plus aisé qu'autrefois ; ces institutions travaillent à donner à toutes les classes leur légitime influence sans laisser à aucune la domination exclusive. Ce but ne sera naturellement jamais atteint. Mais toujours les grands mouvements politiques y tendent.

Les idéals d'Etat des Grecs, le droit romain du temps de la liberté, le dur « imperium » des Césars, le droit du Moyen Age rendu plus humain par le Christianisme, l'Eglise du Moyen-Age avec ses institutions, la puissance naissante de l'Etat moderne, le despotisme éclairé avec ses luttes contre le régime de classes de la féodalité, avec ses efforts pour établir une bonne législation, une administration plus honnête, les nouvelles organisations constitutionnelles avec leurs garanties légales, les essais de la nouvelle démocratie pour donner aux basses classes une place meilleure et plus juste, telles sont les étapes sur le chemin difficile et plein d'épines de l'humanité en marche vers un gouvernement solide et évitant les abus de classe.

Le rôle historique du césarisme et de la monarchie héréditaire fut de restaurer la puissance inébranlable de l'Etat soutenue par la force de la police, de la bureaucratie et du pouvoir militaire ; le rôle des mouvements constitutionnels et républicains-démocratiques fut de combattre au contraire les abus de ces forces. Dans la mesure où il sera possible d'avoir, surtout sans domination de classe, des gouvernements forts et durables, aussi bien dans les républiques aristocratiques que dans les républiques démocratiques, la monarchie s'effacera peut-être comme forme d'Etat. Jusqu'à présent, il en est ainsi. Les grandes républiques et les faibles monarchies qui se rapprochent d'elles montrent ou bien la domination ploutocratique d'une classe, ou bien le césarisme tendant à la domination unique d'un homme d'Etat populaire ou d'un dictateur. Ainsi les Etats européens qui unissent à une solide monarchie héréditaire une constitution libre semblent offrir jusqu'ici la meilleure garantie contre de trop grands abus de classes.

Leur tâche sera, surtout dans le présent, facilitée par les circonstances suivantes : 1) par la division du travail politique qui a créé des classes et des groupes particuliers qui se consacrent au service de l'Etat et des intérêts publics ; 2) par la puissance croissante de l'esprit public ; et 3) par le fait que les classes sociales d'aujourd'hui, à vrai dire plus fortement organisées, devenues dans la lutte souvent aussi plus égoïstes qu'autrefois, cependant dans les grands Etats européens plus divisées que jadis et entravées par la législation dans leurs brutales initiatives, se tiennent en échec. Déjà dans les théocraties, le régime, relativement bon, reposait sur le fait qu'il existait une école spéciale des gouvernants pour la domination ; il en fut en partie de même dans l'aristocratie guerrière ; l'idée de Platon d'un gouvernement de philosophes sortit de la même pensée que la classe gouvernante réalisait alors dans la création de sa bureaucratie, encore très incomplète. Ce n'est que dans les derniers siècles que, dans la plupart des Etats européens, on a créé des catégories de juristes, de fonctionnaires, d'officiers, de prêtres, de professeurs, lesquels se recrutant fréquemment dans tous les cercles de la société, cependant instruits de la même façon dans les universités, consacrent toute leur vie aux affaires publiques. Ces catégories sont en partie devenues une classe égoïste ne pensant qu'à elle, notamment là où la puissance publique et la part prise par les autres citoyens à la vie publique n'a pas empêché les abus de la bureaucratie. Mais en somme la machine de l'Etat est devenue, grâce à cette division du travail, cette éducation des gouvernants, et ces traditions et cercles convenables de pensées qui s'établissent, une force et une organisation solide telle qu'elle n'avait jamais été dans le passé, et aussi un rempart contre la domination de classe qui manquait dans les États de l'antiquité et du moyen âge. Ces cercles sont les porteurs d'une constitution politique et économique idéale ; même quand ils ont leur origine dans l'aristocratie féodale et la bourgeoisie, leur horizon n'est plus celui du mouvement industriel, du simple préjugé de caste ; ils comprennent les intérêts des basses classes et des classes moyennes avec lesquels ils sont en relations journalières, mieux que celles-là ; ils forment avec les avocats, les médecins, les artistes, les journalistes

une sorte de sphère neutre en face des classes d'aujourd'hui à propre-
ment parler en lutte. Et l'opinion publique d'aujourd'hui y arrive à
présent quand elle est libre et non pas achetée par les classes domi-
nantes.

En même temps que la lutte des classes et l'agitation passionnée
pour les intérêts de classe, il s'est développé, avec l'aide de la littéra-
ture et de la presse, une opinion publique très saine dont la fonction
principale est une réaction sensible contre les abus du gouvernement
et des classes. L'opinion publique très souvent pusillanime et impré-
voyante empêche les réformes raisonnables; elle finit cependant par
se mettre d'accord pour ce qui est noble et bon, pour le droit et
pour la vérité. Tout gouvernement solide et sage a enfin l'opinion
publique de son côté quand il combat l'égoïsme de classe et les abus
de classe.

Sa tâche est d'autant plus facile que la société moderne des grands
États ne se divise jamais simplement en deux classes : une classe gouvernante et une classe gouvernée, mais en toute une série de classes
ayant des intérêts très différents. A vrai dire, même déjà dans ces rela-
lations très simples où il ne s'agissait que de deux classes, un pouvoir
princier, conscient du but à atteindre, a toujours tendu la main au
peuple, par dessus une aristocratie hostile, et s'est ainsi fortifié. Toute
la vieille monarchie reposait sur ce principe, de même que le nou-
veau despostisme éclairé ou le césarisme de Cromwell et de Napo-
léon. Mais avant tout le « divide et impera » est facile là où une
aristocratie ecclésiastique et militaire, où une classe paysanne et bour-
goise de propriétaires fonciers et de fabricants se tiennent respec-
tivement en échec, où à côté des deux l'aristocratie d'argent se dresse
avec des intérêts indépendants, où une classe influente s'est formée se
recrutant dans les arts libéraux, et, avec peu ou point d'avoir person-
nel, est devenue le facteur principal du gouvernement et de l'opinion
publique, se rangeant, tantôt à l'opinion des hautes classes possédantes,
tantôt à celles des classes ne possédant rien. A coté des cercles influents
aristocratiques, se trouve aujourd'hui dans la plupart des États une classe
moyenne de paysans, de fermiers, de petits commerçants et petits artisans, prête à lutter contre l'égoïsme des hautes classes et des classes
moyennes. Toutes sortes d'alliances des travailleurs avec les propriétaires fonciers, avec la bourgeoisie, avec la classe moyenne se produisent
dans le présent. Le spirituel défenseur d'une histoire des classes simplement socialiste, Loria, doit admettre ces alliances et en fait découler
la plupart des progrès sociaux atteints jusqu'ici. Quand les tories an-

glais faisaient passer avant tout les lois protectrices du travail, et quand Bismarck traitait avec Lassalle, et accordait le suffrage universel pour faire échec à la bourgeoisie, il y avait là un argument décisif en faveur de l'efficacité de ces combinaisons d'intérêts de classes et une preuve de leur force à dominer l'égoïsme de classes.

d) Si nous croyons pouvoir montrer que des causes internes nécessaires du développement de l'Etat pourront toujours davantage restreindre la domination de classes, nous n'avons pas encore prouvé par là que les luttes de classes disparaîtront. Mais nous pourrons bien espérer que la manière dont elles se présenteront et leur dénouement deviendront plus équitables et plus raisonnables.

Plus rudimentaires furent autrefois la loi et l'État, plus facilement les luttes sociales conduisirent aux mesures extrêmes, à l'insurrection, à la révolution, à la violence, aux exécutions en masse, aux grandes confiscations. Dans l'antiquité, des siècles entiers sont remplis par de tels évènements. Dans l'histoire plus moderne, ceux-ci deviennent plus rares. Il y a encore un mot à dire sur les causes qui amènent le dénouement, dans les luttes de classes isolées, par la révolution ou la réforme.

La force et la puissance du gouvernement sont toujours naturelles ; la mesure de sa perspicacité et de sa justice est ce qu'il y a de plus important ; ensuite la force et l'organisation des classes défendant les vieilles traditions et de celles demandant des réformes. L'état juridique relatif à l'organisation des classes, la possibilité du perfectionnement psychique d'une forte conscience de classe, se tiennent au premier plan. Nous en avons déjà parlé plus haut et avons insisté aussi sur ce fait que, dans les anciens temps, les hautes classes seules acquirent facilement une forte organisation qui opprimait les basses classes, tandis que, aujourd'hui, ces dernières sont souvent plus fortement organisées. A côté de la puissance de l'organisation des classes et des partis, il faut tenir compte de l'ensemble du droit public, de sa rigidité ou de sa souplesse, de la mesure où la discussion des maux est laissée publique, de la possibilité de gagner aux réformes les organes de l'Etat, les assemblées compétentes ou les parlements. Plus l'esprit public est devenu souple grâce aux nouvelles constitutions, plus il devient possible d'éviter les explosions.

Mais toujours elles se sont produites de temps en temps. Elles ont été encore plus souvent étouffées ; mais souvent aussi la puissance usurpatrice a été vaincue, dans le sang. Et ce ne fut nullement l'injustice du côté des vaincus, la justice du côté des vainqueurs, qui termina toujours le conflit. Bien trop facilement des circonstances accidentelles, l'étourderie et les fautes de tactique du gouvenement, l'adresse ou la scélératesse des chefs de la révolte, l'intervention de forces étrangères ont procuré à une classe une victoire passagère qui n'offrait aucune garantie de durée. Aussi la réaction suivit-elle si facilement la révolution, comme autrefois en Grèce, à Rome et dans les villes du Moyen Age. C'est ainsi que la servitude peut être la conséquence de soulèvements renouvelés; il ne se produit pas un état de paix plus tranquille; les classes inférieures se trouvent alors dans une situation plus mauvaise qu'autrefois. Tout, même la force mauvaise du gouvernement, est enfin préférable à une anarchie continuelle; c'est pourquoi la domination étrangère et la dictature militaire marquèrens autrefois, et encore dans des temps récents, la fin de la lutte des classes.

C'est pourquoi tous les gens raisonnables ont toujours demandé des réformes et condamné la révolution. L'antiquité eut aussi des réformes sociales heureuses, comme celle de Solon, celles de Rome du v⁰ au iii⁰ siècle avant Jésus-Christ. Mais les passions de la masse, la pression des injustices sociales ont toujours amené des poussées révolutionnaires. Tout en condamnant les révolutions et en faisant des efforts pour les éviter, il ne faut pas oublier une chose : souvent le droit formel est douteux; souvent il s'agit du conflit d'un droit matériel plus élevé et d'un droit formel vermoulu. Même des révolutions qui ont avorté peuvent, dans la suite, exercer une influence salutaire sur d'autres États. Et là où des hommes d'Etat prévoyants triomphèrent promptement du soulèvement, et améliorèrent la situation par la violence, la postérité les a toujours glorifiés. Un nouvel état de choses ne peut pas toujours paisiblement s'imposer par la victoire.

Aujourd'hui, je le veux bien, nous pouvons espérer, nous devons souhaiter que la libre discussion suffira pour mener à bien les grandes réformes sociales, que la violence et le terrorisme n'y auront aucune part, qu'un gouvernement aux aspirations élevées leur sera acquis, les réalisera dans tous les domaines du droit et leur donnera par là la garantie d'une certaine stabilité. C'est ainsi qu'il est à espérer que seules des modifications sociales de nos institutions prendront pied qui correspondront aux qualités personnelles, morales, intellectuelles des différentes classes, que seules les classes acquéreront de nouveaux droits qui paraîtront comme les soutiens du progrès et répondront à l'intérêt général de l'Etat.

Nous pourrons dire qu'autrefois aucune classe n'a pu durer, qui ne servait pas à la fois les intérêts de l'État et du peuple, qu'aucune n'a disparu qui n'a pas oublié en même temps ses devoirs envers la collectivité, qui n'a pas rétrogradé au point de vue de la supériorité, de l'intelligence ou des vertus politiques ou économiques. Toute classe moyenne menacée ne se maintiendra que si elle se régénère économiquement et intellectuellement, que si son existence et son activité sont salutaires au développement commun. Aucune basse classe ne peut s'élever d'une façon durable si elle se contente de donner à tort et à travers des coups de gourdin, si elle ne résiste aux classes supérieures que par la haine et la sottise, et ne recherche que d'irréalisables utopies. Elle ne peut acquérir de droits politiques plus étendus et un salaire plus élevé que si elle s'élève au point de vue technique, économique et moral, que si elle s'efforce de devenir le soutien du progrès général, que si elle développe en elle l'esprit d'obéissance et de discipline, si elle se subordonne à des chefs capables, mesurés et non point à des démagogues qui l'excitent. Tous les abus de classes et la domination de classe ne disparaîtront jamais complètement. Renan disait un jour, que l'esprit juif était dans l'histoire universelle le soutien de la justice sociale, mais qu'il essayait partout de détruire tout gouvernement fort et puissant, le seul possible, non sans certains abus sociaux, étant donné le degré de culture des hommes. Il y a là une vérité. L'esprit de la justice sociale doit conclure des compromis avec la dure nécessité des gouvernements forts et puissants, et il agit ainsi car l'extrême démocratie aboutit à la tyrannie et au césarisme.

Tout d'abord les peuples de notre civilisation doivent espérer que de grands hommes d'État, capables de gouverner et d'élever leur pays, prendront simultanément en main les réformes sociales et les conduiront d'une main ferme sur le chemin de la paix. Lorsque Hardenberg essaya ceci, Niebuhr lui écrivit un jour : Vous errez sur le chemin vertigineux sur lequel s'évertue la réaction aussi bien que le radicalisme révolutionnaire. Il est certain que tout chemin semblable menant à la réforme sociale présente ce caractère menaçant. D'autant plus grand est le mérite, quand il conduit au but. Ceci peut se produire sans violence, mais non sans énergie ni audace. La force nécessaire peut être procurée aujourd'hui par la popularité et les tendances démocratiques, mais elle peut chez nous, vraisemblement et avec encore plus de facilité, être atteinte en s'ajoutant aux traditions d'une grande et légitime monarchie.

(Traduit de l'allemand par Fernand Weil.)

REVUE INTERNATIONALE

DE

SOCIOLOGIE

PUBLIÉE TOUS LES MOIS, SOUS LA DIRECTION DE

RENÉ WORMS

Secrétaire-Général de l'Institut International de Sociologie
et de la Société de Sociologie de Paris

AVEC LA COLLABORATION ET LE CONCOURS DE

Ch. Andler, Paris. — A. Asturaro, Gênes. — G. de Azcarate, Madrid. — A. Babeau, Troyes. — M. E. Ballesteros, Santiago. — P. Beauregard, Paris. — H. Bérenger, Paris. — M. Bernès, Paris. — J. Bertillon, Paris. — A. Bertrand, Lyon. — V. Bogisic, Raguse. — L. Brentano, Munich. — Ad. Buylla, Oviedo. — Ed. Chavannes, Paris. — E. Cheysson, Paris. — M. Dalla Volta, Florence. — J. Dallemagne, Bruxelles. — G. De Greef, Bruxelles. — E. Delbet, Paris. — M. Denis, Bruxelles. — C. Dobrogeanu, Bucarest. — P. Dorado, Salamanque. — M. Dufourmantelle, Paris. — L. Duguit, Bordeaux. — P. Duproix, Genève. — A. Espinas, Paris. — Fernand Faure, Paris. — E. Ferri, Rome. — G. Fiamingo, Rome. — A. Fouillée, Menton — A. Giard, Paris. — Ch. Gide, Montpellier. — R. de la Grasserie, Nantes. — P. Guiraud, Paris. — L. Gumplowicz, Graz. — M. Hauser, Dijon. — M. Kovalewsky, Beaulieu. — F. Larnaude, Paris. — E. Levasseur, Paris. — A. Loria, Turin. — J. Loutchisky, Kiew. — John Lubbock, lord Avebury, Londres. — J. Mandello, Presbourg. — L. Manouvrier, Paris. — P. du Maroussem, Paris. — T. Masaryk, Prague. — Carl Menger, Vienne. — G. Monod, Paris. — F. S. Nitti, Naples. — J. Novicow, Odessa. — Ed. Perrier, Paris. — Ch. Pfister, Nancy. — Georges Picot, Paris. — Ad. Posada, Oviedo. — O. Pyfferoen, Gand. — A. Raffalovich, Paris. — M. Roven, Paris. — Th. Ribot, Paris. — Ch. Richet, Paris. — E. de Roberty, Tver. — V. Rossel, Berne. — G. Schmoller, Berlin. — F. Schrader, Paris. — G. Simmel, Berlin. — C. N. Starcke, Copenhague. — L. Stein, Berne. — S. R. Steinmetz, Utrecht. — G. Tarde, Paris. — F. Tœnnies, Kiel. — A. Tratchewsky, Saint-Pétersbourg. — E. B. Tylor, Oxford. — E. Vander Rest, Bruxelles. — J. M. Vincent, Baltimore. — P. Vinogradow, Moscou. — Lester Ward, Washington. — E. Westermarck, Helsingfors. — Emile Worms, Rennes. — L. Wuarin, Genève.

Secrétaires de la Rédaction : Ed. Herriot. — Al. Lambert. — G.-L. Duprat.

Abonnement annuel : FRANCE : 18 fr. — UNION POSTALE : 20 fr.

V. GIARD & E. BRIÈRE, ÉDITEURS

PARIS, 5e

16, RUE SOUFFLOT, 16.

BIBLIOTHÈQUE
SOCIOLOGIQUE INTERNATIONALE

PUBLIÉE SOUS LA DIRECTION DE

RENÉ WORMS

Secrétaire Général de l'Institut International de Sociologie.

Cette collection se compose de volumes in-8°, reliure souple (1).

Ont paru :

RENÉ WORMS : *Organisme et Société.*
PAUL DE LILIENFELD : *La Pathologie Sociale.* . . . . 8 fr.
FRANCESCO S. NITTI : *La Population et le Système social.* . . . 8 fr.
ADOLFO POSADA : *Théories modernes sur les Origines de la Famille, de
la Société et de l'Etat* . . . . 7 fr.
SIGISMOND BALICKI : *L'Etat comme organisation coercitive de la Société
Politique.* . . . . 6 fr.
JACQUES NOVICOW : *Conscience et Volonté Sociales* . . . . . 6 fr.
FRANKLIN H. GIDDINGS : *Principes de Sociologie.* . . . . . . 8 fr.
ACHILLE LORIA : *Problèmes Sociaux Contemporains* . . . . . . 8 fr.
MAURICE VIGNES : *La Science Sociale d'après les principes de Le Play
et de ses continuateurs,* 2 volumes. . . . . 6 fr.
M. A. VACCARO : *Les Bases sociologiques du Droit et de l'Etat..* . . 20 fr.
LOUIS GUMPLOWICZ : *Sociologie et Politique.* . . . . 10 fr.
SCIPIO SIGHELE : *Psychologie des Sectes.* . . . . 8 fr.
G. TARDE : *Etudes de Psychologie Sociale.* . . . . 7 fr.
MAXIME KOVALEWSKY : *Le Régime économique de la Russie.* . . 9 fr.
C. N. STARCKE : *La Famille dans les diverses sociétés* . . . . . 9 fr.
RAOUL DE LA GRASSERIE : *Des Religions comparées au point de vue
sociologique* . . . . 7 fr.
JAMES MARK BALDWIN : *Interprétation sociale et morale des principes
du développement mental.* . . . . 9 fr.
G. L. DUPRAT : *Science Sociale et Démocratie.* . . . . 12 fr.
H. LAPLAIGNE : *La Morale d'un Egoïste; essai de morale sociale* . . 8 fr.
JACQUES LOURBET : *Le Problème des Sexes* . . . . 7 fr.
E. BOMBARD : *La Marche de l'Humanité et les Grands Hommes d'après la
doctrine positive* . . . . 8 fr.
RAOUL DE LA GRASSERIE : *Les Principes sociologiques de la Criminologie.* 10 fr.
ABEL POUZOL : *La Recherche de la Paternité* . . . . 12 fr.
ARTHUR BAUER : *Les Classes Sociales.* . . . . 9 fr.
CH. LETOURNEAU : *La Condition de la Femme dans les diverses races
et civilisations.* . . . . 11 fr.
RENÉ WORMS : *Philosophie des sciences sociales :* I, objet; II, *méthode
des sciences sociales,* 2 volumes. . . . . 12 fr.
EUGENIO RIGNANO : *Un socialisme en harmonie avec la doctrine écono-
mique libérale* . . . . 9 fr.

Paraîtront successivement :

RENÉ WORMS : *Philosophie des sciences sociales :* III, *conclusions des sciences
sociales.*
MAXIME KOVALEWSKY : *La France économique et sociale à la veille de la
Révolution. — Tableau des origines et de l'évolution de la famille et de la
propriété* (nouvelle édition).
LESTER F. WARD : *Sociologie pure.*

(1) *Les volumes de la collection peuvent aussi être achetés brochés avec
une diminution de 2 francs.*